মাই লিং –এর হিক্‌কাপ্‌

Mei Ling's Hiccups

By David Mills

Illustrated by Derek Brazell

Bengali translation by Sujata Banerji

Mantra
Schools Library and Information Services

"পার্টির খেলা কে কে খেলতে চায়?" মাই লিং-এর টিচার জিজ্ঞাসা করল।

"Who wants to play party games?" asked Mei Ling's teacher.

"আমার সাথে এসো!" তিনি সুর করে বললেন।

"Follow me!" he sang.

মাই লিং কিন্তু তার ড্রিঙ্কটা শেষ করতে চায়
আঃ ঠাণ্ডা
কি দারুন খেতে
সে সবটা খুব ভাল করে খেল!

But Mei Ling wanted to finish her drink.
It was cool
It was yummy
And she drank every last drop!

কিন্তু সবটা খাওয়ার পর
সে শুধু . . . “হিক্‌ক্‌” বলতে লাগল!

But when she’d finished
All she could say was ... “Hicc!”

HICC!

আর একটা “হিক্‌ক্‌” এলো!
আবার একটা “হিক্‌ক্‌!”

And another one came: “Hicc!”
And another: “Hicc!”

ওঃ না!

Oh no!

বেন্ হেসে উঠল।
মাই লিং ও হাসতে গিয়ে কিন্তু
"হিক্ক্" শব্দই করে ওঠে।

Ben giggled.
Mei Ling wanted to laugh too
But all she could say was... "Hicc!"

"আমি জানি, আমি জানি! " বেন্
বলল।
"আমার মা বললেন এই রকম করে . . .
এক থেকে পাঁচ পর্যন্ত গুণতে। "

"I know, I know!" said Ben.
"My mum says you have to do this...
and count to five."

So they both plugged their noses.
1 2 3 4 5   and ...
"HICC! Oh no!" said Mei Ling.

তারা দুজনে নাক চেপে নিশ্বাস বন্ধ করে
১ ২ ৩ ৪ ৫ আ...র
"হিক্ক্! ওঃ না!" মাই লিং বলল।

তারপর রুবি ভিতরে এলো।
"আমি জানি, আমি জানি!" রুবি বলল।
"আমার বাবা বলেন এই রকম করতে
. . ."

Then Ruby came back in.
"I know, I know!" said Ruby.
"My dad says you have to do this ..."

So everyone tried to look upside down.
1 2 3 4 5 and ...
“HICC! Oh no!” said Mei Ling.

তখন সকলে মাথা নীচু করে উপর দিকে দেখার চেষ্টা করল।
১ ২ ৩ ৪ ৫ আবার . . .
“হিক্‌ক্! ওঃ না!” মাই লিং বলল।

তারপর লিও ভিতরে এলো।
"আমি জানি, আমি জানি! " লিও বলল।
"আমার কাকা বলেন এই রকম করতে . . ."

Then Leo came back in.
"I know, I know!" said Leo.
"My uncle says you have to do this..."

সকলে তাদের কাপের উলটো দিক
থেকে জল খেতে লাগল ।
১   ২   ৩   ৪   ৫ . . . আবার
"হিক্ক্ . . . ওঃ না!" মাই লিং বলল।

So everyone drank water from the other side
of their cups.
1   2   3   4   5   and ...
"HICC! Oh no!" said Mei Ling.

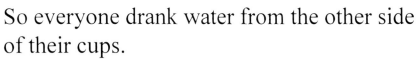

তারপর সাহিল ভিতরে এলো।
"আমি জানি, আমি জানি!" সাহিল বলল।
"আমার নানি বলেন এই রকম করতে . . ."

Then Sahil came back in.
"I know, I know!" said Sahil.
"My grandma says you have to do this..."

সকলে বন্ বন্ করে ঘুড়তে লাগল।
১ ২ ৩ ৪ ৫ . . . আবার
"হিক্ক! ওঃ না!" মাই লিং বলল।

So everyone went spin spin spin.
1 2 3 4 5   and ...
"HICC! Oh no!" said Mei Ling.

তারপর সোফি ভিতরে এলো।
"আমি জানি, আমি জানি! " সোফি
বলল।
"আমার মামাতো বোন বলে এই রকম
করতে . . . "

Then Sophie came back in.
"I know, I know!" said Sophie.
"My cousin says you have to do this..."

সকলে মাটিতে শুয়ে পা উপরে
করে সাইকেল চালাতে লাগল।
১ ২ ৩ ৪ ৫ . . . আবার
“হিক্‌ক্‌ ! ওঃ না! ” মাই লিং বলল।

So everyone did bicycles in the air.
1 2 3 4 5 and ...
“HICC! Oh no!” said Mei Ling.

হঠাৎ বেলুনটা দেখে তার একটা কথা মনে পড়ল।
"আমি জানি," সে আস্তে বলল।
"এই মাই লিং!" তার সব বন্ধুরা চেঁচিয়ে উঠল।

But then she saw her balloon and she had an idea.
"I know," she said slowly.
"Mei Ling!" shouted all her friends.

ফট্! ফটাস্!
মাই লিং -এর
বেলুনটা ফাট্ল।

POP!
went Mei Ling's balloon.

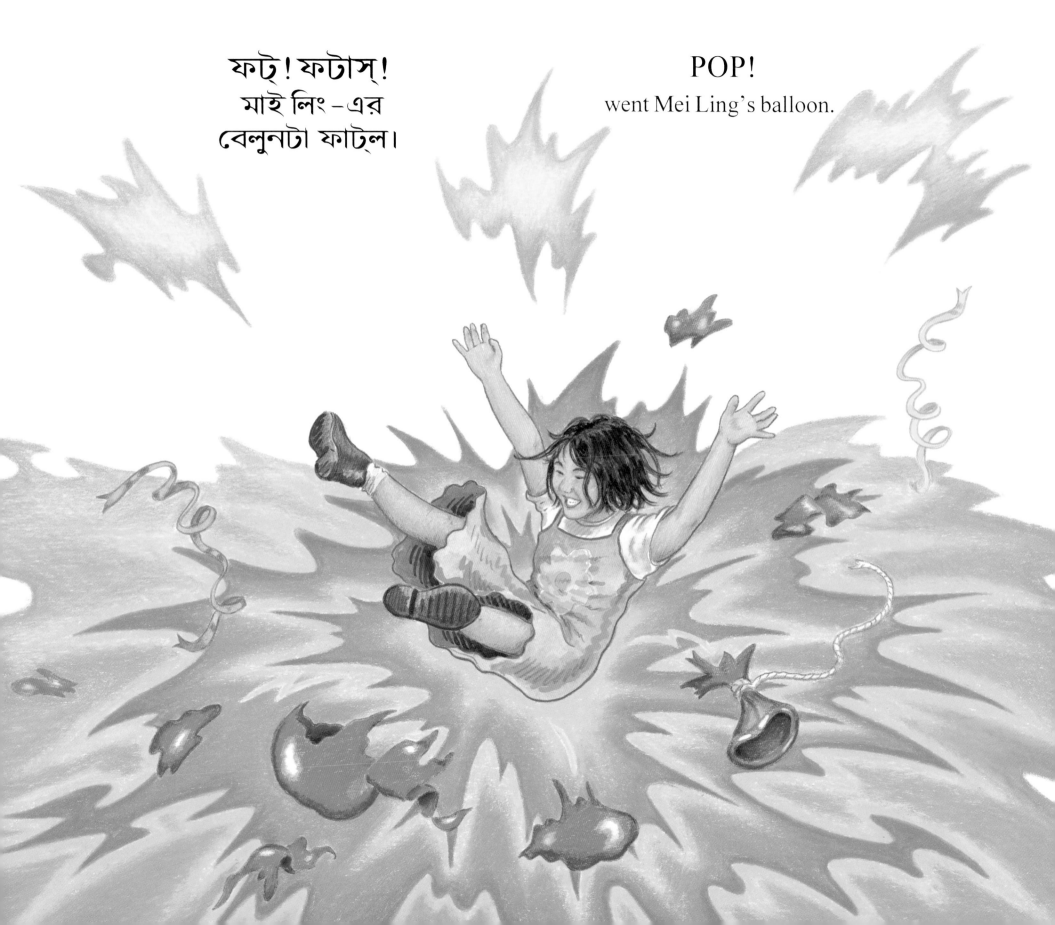

"সু উ উ উ উ উ!" মাই লিং–এর হিক্‌কাপ্ শোনার জন্য সকলে চুপ্।

"Shhhhh!" Everyone listened carefully for Mei Ling's hiccups.

"এবার কি থেমেছে?" মাই লিং আস্তে জিজ্ঞাসা করল।

"Gone?" asked Mei Ling very quietly.

"থেমেছে!" সকলে বলল।

"Gone!" said everyone.

"হুরে রে রে! " সবাই চেঁচিয়ে উঠল।

"HURRAY!" shouted everyone.

ফট্! ফটাস্! ফট্! ফটাস্! ফট্! ফটাস্! ফট্! আর ...

POP! **POP!** **POP!** **POP!** **POP!** AND ...

"এই সব কি হচ্ছে?" টিচার জিজ্ঞাসা করলেন।

"What was that?" asked the teacher.

"হিক্ক্!" সবাই বলে উঠল।
"ওঃ না!" মাই লিং বলল।

"HICC!" said everyone.
"OH NO!" said Mei Ling.

For the children of Harry Roberts Nursery,
D.M.

For all the great children and staff of Soho Parish School,
and for Hilary, my lovely supportive mum, with love,
D.B.

First published 2000 by Mantra Publishing Ltd
5 Alexandra Grove, London N12 8NU
http://www.mantrapublishing.com

Printed in Hong Kong